BEI GRIN MACHT SICH IHR WISSEN BEZAHLT

AF150417

- Wir veröffentlichen Ihre Hausarbeit,
  Bachelor- und Masterarbeit

- Ihr eigenes eBook und Buch -
  weltweit in allen wichtigen Shops

- Verdienen Sie an jedem Verkauf

Jetzt bei www.GRIN.com hochladen
und kostenlos publizieren

Isabella Amberger

Stress und Belastungen am Arbeitsplatz. Prävention und Management

GRIN Verlag

Bibliografische Information der Deutschen Nationalbibliothek:

Die Deutsche Bibliothek verzeichnet diese Publikation in der Deutschen National-
bibliografie; detaillierte bibliografische Daten sind im Internet über http://dnb.d-
nb.de/ abrufbar.

Impressum:

Copyright © 2014 GRIN Verlag GmbH
Druck und Bindung: Books on Demand GmbH, Norderstedt Germany
ISBN: 978-3-656-86379-3

Dieses Buch bei GRIN:

http://www.grin.com/de/e-book/286190/stress-und-belastungen-am-arbeitsplatz-
praevention-und-management

VWA München

Studiengang //73w//

Wintersemester 2013

Hausarbeit im Fach BWL 10.4

„Wirtschaftspsychologie"

Titel der Hausarbeit:

„Stress und Belastungen am Arbeitsplatz-
Prävention und Management"

Eingereicht von:

Isabella Amberger

am 30.01.2014

Inhaltsverzeichnis

1. Einleitung

Laut einem Artikel der »Europäischen Agentur für Sicherheit und Gesundheitsschutz am Arbeitsplatz« gehört arbeitsbedingter Stress zu den größten Herausforderungen in Bezug auf Sicherheit und Gesundheitsschutz am Arbeitsplatz innerhalb einer Organisation. Sie beeinträchtigt nicht nur die Gesundheit des einzelnen sondern kann auch die Volkswirtschaft und Unternehmen negativ beeinflussen. Die Hälfte der Arbeitnehmer in Europa, laut diesem Artikel, sind der Meinung das Stress am Arbeitsplatz völlig „normal" wäre und daraus ca. fünfzig Prozent der Fehltage eines Arbeitsnehmers resultieren. Aufgrund dessen, das diese Thematik immer mehr zum alltäglichen Leben gehört und in den Fokus der Forschung rückt, behandelt diese Arbeit mit dem Titel „ Belastungen am Arbeitsplatz – Prävention und Management" das Phänomen „Stress am Arbeitsplatz" in Bezug auf dessen Ursachen und wirksame Gegenmaßnahmen. Um im weiten Verlauf dieser Arbeit dieses Phänomen genauer untersuchen zu können müssen im ersten Abschnitt maßgebliche Begrifflichkeiten vorab herausgegriffen und definiert werden. Nach Erläuterung dieser Begriffe werden die unterschiedlichen Klassifikationen von Stressmodellen sowie zwei der Einflussreichsten Stressmodelle, nach Selye und Lazarus, veranschaulicht dargestellt und erörtert. Im weiteren Verlauf dieser Arbeit werden Einflussgrößen sowie die daraus resultierenden Folgen und derer Wirkung auf den verschiedenen Ebenen und ihrer anhaltenden Dauer, unterschieden und erläutert. Nachdem alle Grundlagen, Gründe und Folgen des arbeitsbedingten Stresses dargestellt wurden soll im nächsten Abschnitt der Fokus dieser Arbeit auf Stressbewältigungsmaßnahmen sowie auf die betriebliche Gesundheitsförderung gelegt werden. Hierzu werden unterschiedlich orientierte Präventionsmaßnahmen anhand ihrer Wirkungsdauer unterschieden und deren Effektivität aufgezeigt. Des Weiteren werden verschiedenen Copingstrategien und betriebliche Gesundheitszirkel sowie Wirkungen, als wichtige Bestandteile des Gesundheitsmanagements, untersucht.

2. Begriffserörterung

Um besseren Einblick in die genannte Thematik erlangen zu können müssen vorab ein paar Begriffe vorrausgenommen und definiert werden.

2.1 Stress

Im Allgemeinen ist unter dem Begriff „Stress" ein „subjektiv intensiv unangenehmer Spannungszustand, der aus der Befürchtung entsteht, dass eine stark aversive, subjektiv zeitlich nahe (oder bereits eingetretene), subjektiv lang andauernde Situation sehr wahrscheinlich nicht vollständig kontrollierbar ist, deren Vermeidung aber subjektiv wichtig erscheint."[1]

2.2 berufsbedingter Stress

Für den Begriff „ berufsbedingter Stress" liegen unterschiedliche Definitionen zu Grunde, da es sich hierbei um ein interdisziplinäres Forschungsgebiet handelt, dass von mindestens vier verschiedenen Wissenschaftsdisziplinen erforscht wird. Hierzu gehören die Organisations- und Personalpsychologie, die Medizin, die Klinische Psychologie und die Ingenieur- bzw. Arbeitspsychologie. In all diesen unterschiedlichen Definitionen sind sich jedoch die Forscher in einigen Punkten einig, diese wären dass Stress durch einen psychischen oder physischen Stressor verursacht wird auf den der Betroffene reagiert. Darüber hinaus wird auch der Zusammenhang von Anforderung und Zwängen von den verschiednen Forschern gemeinsam benannt. Des Weiteren müssen zwei maßgebliche Faktoren vorhanden sein damit Stress erzeugt werden kann. Die Person die sich in dieser Situation befindet darf den Ausgang der Situation nicht kennen und das Ergebnis muss der Person wichtig sein.[2]

2.3 Belastung und Beanspruchung

„Nach Rohmert und Rutenfranz (1975) sind Belastungen allgemein objektive Faktoren und Größen (z.B. Lärm, Zeitdruck oder Störungen des Arbeitsablaufs), die von außen auf den Menschen einwirken und Auswirkungen im Menschen und auf den Menschen haben. Diese

---

[1] Arbeits- und Organisationspsychologie Nerdinger, Blickle, Soringer Seite 477
[2] Organisations- und Personalpsychologie Weinert Seite 277

Auswirkungen werden als Beanspruchung (z.B. in Form von Müdigkeit, Gereiztheit oder fehlerhaftem Arbeitsverhalten) bezeichnet. Genauer wurden die Begriffe der »psychischen Belastung« und »psychischen Belastungen« im Rahmen ihrer Nominierung durch den Normenausschuss Ergonomie definiert, demzufolge wird die psychische Belastung als »die Gesamtheit der erfassbaren Einflüsse, die von außen auf den Menschen zukommen und auf ihn psychisch einwirken«< und psychische Beanspruchung verstanden wird als »die individuelle, zeitlich unmittelbare und nicht langfristige Auswirkung der psychischen Belastung im Menschen in Abhängigkeit von seinen individuellen Voraussetzungen und seinem Zustand.« (vgl. Greif, 1991, S. 25)"[3] 1987 definierte das Deutsche Institut für Normung „psychische Belastung" als die Gesamtheit der erfassbaren von außen einwirkenden Einflüsse, die auf einen Menschen zukommen.[4]

3. Stressforschung

3.1 Klassifikation

Mit der Zeit wurden die verschiedenen Stressmodelle in drei unterschiedliche Klassen unterteilt: Stress als ungünstiger (Umwelt-) Einfluss, Stress als Reaktion, Stress als Prozess

Stress als ungünstiger (Umwelt-) Einfluss:

Somit spricht man zum einem von einem reizzentrierten Konzept, das sich auf die schädlichen Umweltreize konzentriert. Hierbei ist zu beachten das in diesem Stressmodell davon ausgegangen wird das jedes Individuum auf gleiche Art und Weise auf einen von außen einwirkenden Stressor reagieren würde. In der Regel kann nicht vorausgesagt werden welche Reaktion durch einen bestimmten Reiz auf eine bestimmte Person hervorgerufen wird. Situationsbedient kann der gleiche Reiz für verschiedene Personen oder auch dieselbe Person eine andere Wirkung hervorrufen. Somit ist festzuhalten, dass die Stressmodelle nicht nur auf der Seite des einwirkenden Stressors anzusiedeln sind.

Stress als Reaktion:

 In der zweiten Klasse der Stressmodelle spricht man von den biologisch-medizinischen oder auch von den reaktionszentrierten Konzepten. Innerhalb dieser Konzepte wird Stress durch vorausgegangene Reaktionskonstellationen als ein physiologisches Reaktionsmuster definiert. Auch in diesem Modell wird kritisiert das keine durchgängig eindeutige Zuordnung

---

[3] Arbeits- und Organisationspsychologie Nerdinger, Bickle, Soringer Seite 476
[4] Arbeitspsychologie, Huber Seite 262

zwischen einem Reiz und einer Reaktion, da diese von dem Reiz sowie der Wahrnehmung der Person abhängig ist, stattfinden kann.

Stress als Prozess:

In der Forschungsgruppe um Lazarus (vgl. Lazarus & Launier, 1981) wird Stress als eine Art Prozess verstanden, der sich zwischen den Einflüssen der Umwelt und den Reaktionen eines betroffenen Individuums abspielt. „Weder erzeugen ein für allemal feste und für alle Personen gleiche wirksame Reaktionskonstellationen dieselbe Reaktion, noch zeigen bestimmte Reaktionsklassen das Vorliegen der immer gleichen (bedrohenden) Situation an; es hängt sowohl von den Umweltfaktoren als auch von der Person ab, ob so etwas wie Stress auftritt." Die Konstitution oder auch die Erfahrung der betroffenen Person muss demnach mit einbezogen werden, somit haben wir es mit einer Wechselwirkung einer Person mit einer bestimmten Situation zu tun. Lazarus benannte diese Wechselwirkung als Transaktion. In diesem Konzept werden der Reiz sowie die Reaktion als gleichwertige Elemente für die Entstehung von Stress verstanden.

3.2 Physiologisches Stressmodell nach Selye

Unser heutiges Wissen ist auf die Pionierarbeit von Hans Selye zurückzuführen, dieser entwickelte eines der wie eben erörterten reaktionskonzentrierten Konzepte. Demnach können unterschiedliche Faktoren zu Stressoren für Personen werden und das „allgemeine Adaptionssyndrom" auslösen.

Die Bezeichnung dieser Verteidigungsreaktion fügt sich wie folgt zusammen:

- allgemein: Stressoren wirken sich auf verschiedene Bereiche des Körpers aus
- Adaption: ist zurückzuführen auf die Stimulation von Schutzmechanismen, die dem Körper helfen die Stressoren zu bekämpfen.
- Syndrom: die einzelnen Teile der Reaktion treten immer zusammen auf

Unter dem allgemeinen Adaptionssyndrom ist eine aus 3 Phasen bestehende Verteidigungsreaktion zu verstehen die eine Person, unter Einfluss von Stressoren, aufbaut. Das allgemeine Adaptionssyndrom setzt sich aus drei Phasen zusammen: Alarmreaktion, Widerstandsphase, Erschöpfungsphase[5] Als erste Phase innerhalb dieses Stressmodells wird die Alarmreaktion benannt, diese wird verstanden als die Reaktion des Organismus sobald dieser einen Stressor erkannt hat. Durch diese Reaktion wird der Körper in eine

---

[5] Kauffeld Arbeits-, Organisations- und Personalpsychologie Seite 229

erhöhte Aktiviertheit versetzt und verschüttet vermehrt Hormone wie Adrenalin, Noradrenalin und Kortisol. In der Widerstandsphase leistet die Person Widerstand gegen die einwirkenden Stressoren und somit werden die in der ersten Phase aufgeführten Hormone im Körper wieder reduziert, somit kann sich der Körper wieder erholen. Sollte die betroffene Person, aufgrund von beispielsweise Ressourcenmangel, sich den Stressoren nicht widersetzen können folgt die Erschöpfungsphase. Diese Phase beginnt wenn die Person längerfristig demselben Stressor ausgesetzt ist und nicht dagegen ankommt. Um den Verlauf der erläuterten Phasen besser verdeutlichen zu können, wurde die untenstehende Grafik beigefügt.[6]

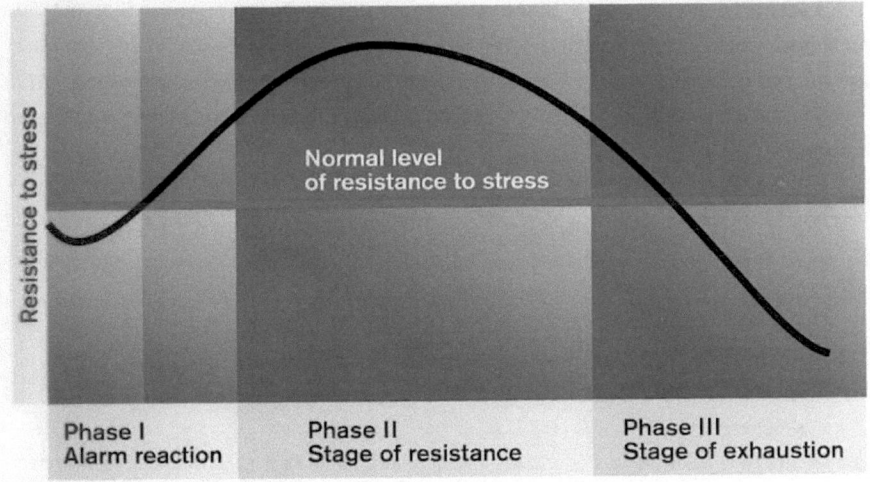

Hans Selye's General Adaptation Syndrome   T-123

Abbildung 1 Die drei Phasen des allgemeinen Adaptionssyndroms

Stressempfinden nach Selye:

Selye unterscheidet zwischen positiven (Eustress) und negativen Stress (Disstress), der sich auf ein Individuum auswirken kann. Unter dem Begriff Eustress versteht man einen positiv, anregenden Stress, „wie wir ihn durch das zufrieden stellende Lösen von schwierigen Aufgaben aller Art kenne, die uns Erfolgserlebnisse vermitteln, stimulierend und

---

[6] Weinert Organisations- und Personalpsychologie 5. Auflage Seite 278

leistungsmotivierend wirken. Spricht man hingegen von Disstress wird ein unangenehmer Dauerstresszustand, ohne jegliche Erholungsphase, gemeint. [7]

3.3 Transaktionales Stressmodell

1974 wurde das, nach dem Psychologen Richard Lazarus benannte, Transaktionale Stressmodell veröffentlicht. Hierbei handelt es sich um einen kognitiven Erklärungsansatz für die Entstehung von Stress. Bei diesem Modell geht man davon aus das das individuelle sowie kognitive Bewertungsprozesse darüber entscheiden ob eine Person Stress erlebt oder nicht. Nach Lazarus ist ein potentieller Stressauslöser ein von außen einwirkender Reiz auf die betroffene Person. Für die Entstehung von Stress ist entscheidend wie die Person den Reiz bewertet und einschätzt. Lazarus unterscheidet drei verschiedene Bewertungsprozesse, weil jeder Mensch die vorfallenden Situationen sowie die daraus resultierende Bedrohung anders bewertet:

primary appraisal:

Bei dieser Bewertungsart wird nach drei Beurteilungen über die Einwirkung des Reizes unterschieden:

- Irrelevant
- Günstig/ positiv
- Stressend

Solange der Reiz als irrelevant oder günstig/positiv eingestuft wird ist davon auszugehen das die Person keinen Schaden davon tragen wird. Sobald der Reiz als stressend empfunden wird „ist ggf. eine Anpassung des individuellen Verhaltens erforderlich."

secondary appraisal:

Wenn eine Situation als bedrohlich aufgefasst wird, wird eine zweite Bewertung durchgeführt bei der die Ressourcen der betroffenen Person mit einbezogen werden. Es wird geprüft ob dementsprechende Bewältigungsfähigkeiten sowie Bewältigungsmöglichkeiten vorhanden sind um mit dem Stressor umgehen zu können.

---

[7] Grundwissen Psychologie, Soziologie und Pädagogik Anette Kulbe Seite 168

re-appraisal:

Eine Neubewertung der Situation wird durchgeführt um zu sehen ob nach Überprüfung der vorhandenen Ressourcen, die Situation immer noch als bedrohlich wahrgenommen wird. „Bei erfolgreicher Bewältigung wird die gleiche Situation wahrscheinlich künftig als weniger stressend empfunden." (Lazarus & Launier, 1981; Lazarus §& Folkmann, 1984). Die aufgeführten Bewertungsprozesse können sich beliebig oft wiederholen.[8]

4. Einflussgrößen und resultierende Folgen

4.1 Stressoren und Stressreaktion

Stressoren

Unter Stressoren sind alle von innen sowie außen negativ einwirkende Belastungsfaktoren, die vom Menschen als unangenehm empfunden werden, zu verstehen.[9] In der Forschung wird meist über Stressoren und nicht über den Gesamtprozess „Stress" gesprochen. In der Arbeitswelt werden unter Einfluss von Aspekten der Arbeitsumwelt Mitarbeiter bzw. Führungskräfte durch Stressoren dazu verleitet ihr Verhalten der Situation anzupassen oder zu verändern.[10] Im Arbeitsalltag können auch Führungskräfte durch „unzureichende Führung", „nicht unterstützen und kein Interesse zeigen", „sich inkonsequent verhalten (Unberechenbarkeit des Vorgesetzten)", „auf Effizienz und Produktivität drängen (z.B. Zeitdruck) und „nur negative Arbeitsergebnisse beachten und gute ignorieren" als Stressoren auftreten. In einer Studie von Ivancvich und Donnelly (1975) wurde vermutet, dass die Struktur einer Organisation als Stressor fungieren kann. In dieser Studie vermutet man, dass weniger strukturierte Organisationen weniger Stress, bei einem Arbeitnehmer, verursachen und somit zu einer höheren Arbeitsleistung, Arbeitszufriedenheit und Effektivität der Arbeitsleistung führen.[11]

Stressreaktionen:

---

[8] Kauffeld Arbeits-, Organisation- und Personalpsychologie Seite 229-230
[9] Grundwissen Psychologie, Soziologie und Pädagogik Anette Kulbe Seite 168
[10] Organisations- und Personalpsychologie Weinert 5. Auflage Seite 279
[11] Organisations- und Personalpsychologie Weinert 5. Auflage Seite 284- 285

Wenn von Stressreaktionen gesprochen wird ist dem immer die Einwirkung eines Stressors vorangegangen, denn es handelt sich um die Reaktion des Organismus auf den vorhandenen Stressor.[12]

Stresswahrnehmung

„Menschen unterscheiden sich darin, wie sie ihre persönliche Arbeitsbelastung wahrnehmen. Wahrnehmungen sind subjektiv und können oft erheblich von der objektiven Arbeitsbelastung abweichen, insbesondere dann, wenn sie zyklischer Natur sind und wenn es sich um quantitative oder qualitative Arbeitsbelastung handelt."

Potenzielle Stressreaktionen lassen sich in fünf unterschiedliche Kategorien unterteilen:

- „Subjektive
  (z.B. Angst, Aggressivität, Depression)"

- „Verhältnismäßige
  (z.B. Alkoholismus, Impulsivität, Unfallanfälligkeit)"

- „Kognitive
  (z.B. Entscheidungsunfähigkeit; Konzentrationsprobleme)"

- „Physiologische
  (z.B. Bluthochdruck, Schwitzen)"
- „Organisationelle
  (z.B. Arbeitsunzufriedenheit, Fehlen von Commitment)"

Jedes Individuum reagiert individuell auf Stress, somit wird die Stressreaktions-Beziehung durch eine Reihe von Personenvariablen gekennzeichnet. Im Arbeitsalltag wachsen und entwickeln sich die einen Personen an stressigen Arbeitssituationen, da sie über gute Copingfähigkeiten verfügen und dementsprechend ihr Verhalten der Situation anpassen können, andere hingegen können sich dem nicht anpassen und sind somit schnell mit der Situation überfordert und empfinden dies als Stress.[13]

4.2. Belastungsfaktoren

McGrath (1981) unterteilt Stressoren in drei unterschiedliche Bereiche, die zum einen„ Faktoren aus dem materiell-technischen System (z.B. Zeit und Termindruck oder Lärm)",

---

[12] Springer Arbeits-, Organisations- und Personalpsychologie Seite 225 Exkurs
[13] Organisations- und Personalpsychologie Weinert 5. Auflage Seite 286- 287

„Faktoren aus dem sozialen System (z.B. Konflikte in der Familie)" und „Faktoren aus dem personalen System (z.B. persönliche Disposition wie Ängstlichkeit)" sein können. [14] In Anlehnung an McGrath differenzieren Richter und Hacker (1998) speziell für die Belastung am Arbeitsplatz nochmals die möglicherweise stress auslösenden Faktoren. Zu diesen zählen unter anderem Belastungen aus:

Belastungen in der Arbeitswelt (nach Richter & Hacker, 1998)

1. **Belastungen aus der Arbeitsaufgabe**
   - Zu hohe qualitative und quantitative Anforderungen
   - Unvollständige, partialisierte Aufgaben
   - Zeit- und Termindruck
   - Informationsüberlastung
   - Unklare Aufgabenübertragung, widersprüchliche Anweisungen
   - Unerwartete Unterbrechungen und Störungen
2. **Belastungen aus der Arbeitsrolle**
   - Verantwortung
   - Konkurrenzverhalten unter den Mitarbeitern (Mobbing)
   - Fehlende Unterstützung und Hilfeleistung
   - Enttäuschung, fehlende Anerkennung (Gratifikationskrisen)
   - Konflikte mit Vorgesetzten und Mitarbeitern
3. **Belastungen aus der materiellen Umgebung**
   - Umgebungseinflüsse: Lärm, mechanische Schwingungen, Kälte, Hitze, toxische Stoffe
4. **Belastungen aus der sozialen Umgebung**
   - Betriebsklima
   - Wechsel der Umgebung, der Mitarbeiter und des Aufgabenfeldes
   - Strukturelle Veränderungen im Unternehmen
   - Informationsmangel
5. **Belastungen aus dem »behavior setting«**
   - Isolation
   - Dichte, Zusammengedrängtheit (Pferchung)
6. **Belastungen aus dem Personsystem**
   - Angst vor Aufgaben, Misserfolg, Tadel und Sanktionen
   - Ineffiziente Handlungsstile
   - Fehlende Eignung, mangelnde Berufserfahrung
   - Familiäre Konflikte

Abbildung 2 Stress auslösende Faktoren innerhalb der Arbeitswelt

4.3 Konsequenzen

Resultierende Folgen der Stresseinwirkung auf das Individuum müssen in kurzfristige und mittel- bis langfristige Auswirkungen unterschieden werden.

Kurzfristige Konsequenzen:

Unter den kurzfristigen Konsequenzen sind die Reaktionen auf Stresssituationen und andauernden Stresszuständen beim Menschen, zu verstehen. Veränderungen der physiologischen Aktiviertheit, Leistungsminderung und Befindlichkeitsbeeinträchtigungen konnten bei dieser Art der Stressreaktion beobachtet werden.

Mittel- bis langfristige Konsequenzen:

In den unterschiedlichsten Lebensbereichen können kritische Lebensereignisse zu wesentlichen Quellen von Dauerbelastungen werden. Solange keine Möglichkeit besteht der

---

[14] Organisationspsychologie Nerdinger, Bickle, Springer 2. Auflage Seite 477

Stresssituation zu entkommen, führt dies zu mittel- bis hin zu langfristig anhaltenden, intensiven Stresszuständen, die gesundheitliche Schäden mit sich ziehen können. Zu den durch die langfristige Belastung am Arbeitsplatz meisten Folgeerscheinungen wurden das Burnout- Syndrom und Herz-Kreislauf-Krankheiten (vgl. Siegrist 1996) untersucht.Anhand folgender Grafik sollen die vielfältigen Konsequenzen von kurz-, mittelfristigen sowie langfristigen Konsequenzen von Stresseinwirkungen, auf ein Individuum, auf verschiedenen Ebenen verdeutlicht werden.[15]

Übersicht zu kurz-, mittel- und langfristigen Folgen von Belastungen am Arbeitsplatz:

◫ **Tab. 28.1.** Klassifikation möglicher Beanspruchungen und Beanspruchungsfolgen. (Nach Kaufmann, Pornschlegel & Udris, 1982)

		Kurzfristige, aktuelle Reaktionen	Mittel- bis langfristige chronische Reaktionen
Physiologisch, somatisch		▬ Erhöhte Herzfrequenz ▬ Blutdrucksteigerung ▬ Adrenalinausschüttung (Stresshormon)	▬ Allgemeine psychosomatische Beschwerden und Erkrankungen ▬ Unzufriedenheit, Resignation, Depression
Psychisch (Erleben)		▬ Anspannung ▬ Frustration ▬ Ärger ▬ Ermüdungs-, Monotonie-, Sättigungsgefühle	
Verhaltens-mäßig	individuell	▬ Leistungsschwankung ▬ Nachlassen der Konzentration ▬ Fehler ▬ Schlechte sensumotorische Koordination	▬ Vermehrter Nikotin-, Alkohol- und Tablettenkonsum ▬ Fehlzeiten (Krankheitstage)
	sozial	▬ Konflikte ▬ Streit ▬ Aggression gegen andere ▬ Rückzug (Isolierung) innerhalb und außerhalb der Arbeit	

Abbildung 3 Übersicht zu kurz-, mittel-, und langfristigen Folgen durch Belastungen

5. Stressbewältigung und betriebliche Gesundheitsförderung

Präventionen können nach dem Zeitpunkt ihres Eingreifens in 3 Gruppen unterschieden werden: Primär-, Sekundär-, Tertiärprävention. Wenn das Auftreten von Erkrankungen und nicht wünschenswerten Zuständen vorgebeugt werden soll spricht man von primären Präventionsmaßnahmen. Sind hingegen schon erste Erscheinungen von Erkrankungen erkennbar muss diesen direkt und gezielt, durch Maßnahmen der Sekundärprävention, entgegengewirkt werden um schwerwiegendere Folgeerscheinungen, die daraus resultieren

---

[15] Arbeits- und Organisationspsychologie Nerdinger, Bickle, Schaper Seite 485- 487

könnten, zu vermeiden. Bei Tertiärprävention ist ein unerwünschter Zustand bereits gefestigt und soll nun durch bestimmte Maßnahmen den eingetretenen Zustand oder Krankenstand mildern, sowie Wiedereintritt und Folgeerscheinungen verhindern.[16]

5.1 Maßnahmen Verhaltens- und Verhältnisprävention

Stresssituationen stehen praktisch an der Tagesordnung und beeinflussen unser Wohlbefinden langfristig. Somit ist es von enormer Wichtigkeit den Umgang mit Belastungen und die effektive Bewältigung von Stress zu erlernen. Der Zusammenhang zwischen dem Auftreten von Stressoren und den daraus resultierenden Krankheitsfolgen wird dem Bewältigungsprozess zugeschrieben. Auf diesen Prozess können zwei unterschiedliche Gruppen von Faktoren Einfluss haben. „Zum einen sind dies Merkmale der Person wie dispositionelle Vorrausetzungen, stabile Verhaltensmuster (z.B. das Typ-A-Verhalten) und Denkmuster (Kotrollüberzeugungen) und die Art die angewendete Bewältigungsstile (problembezogene versus emotionsbezogene Bewältigung). Zum anderen sind dies die Merkmale der Situation und der Umwelt wie z.b. Arbeitsbedienungen, Merkmale des Berufs, Kontrollmöglichkeiten und das Vorhandensein von Ressourcen wie soziale Unterstützung." Aus diesen erläuterten Faktorengruppen lassen sich zwei Präventionsstrategien, innerhalb der betrieblichen Gesundheitsförderung, ableiten: Verhaltes- und verhältnisorientierte Präventionsmaßnahmen.[17]

Verhaltensorientierte Prävention:

Wenn von Verhaltenspräventionen, auch personenbezogene Interventionen genannt, gesprochen wird, dann sind Maßnahmen die zum Ziel eine Veränderung in Bezug auf die Einstellung einer Person und deren individueller gesundheitsgefährdender Verhaltensmuster gemeint. In diesem Falle steht das Individuum im Fokus und soll befähigt werden künftig unerwünscht eintretenden Situationen erfolgreich bewältigen zu können. Der Wirkungsgrad, der Verhaltensprävention ereignet sich auf der individuellen Ebene und soll für eine verbesserte Leistungsfähigkeit des Mitarbeiters sorgen, sowie dessen Gesundheitszustand verbessern. Im Beidseitigen Interesse für Arbeitnehmer und Arbeitgeber sind die sinkenden Fehltage des Mitarbeiters zu verzeichnen.[18] Maßnahmen hierfür wären beispielsweise Raucherentwöhnung, Ernährungsberatung, Rückenschulung und Stressmanagement. Insbesondere bei Stressmanagement sollen Beschäftigte einer Organisation lernen

---

[16] Arbeits-, Organisations- und Personalpsychologie Springer Seite 238
[17] Arbeits- und Organisationspsychologie Nerdinger, Bickle, Schaper Seite 488- 489
[18] Arbeits-, Organisations- und Personalpsychologie Springer Seite 238

Stressoren reduzieren, neutralisieren oder erfolgreich bewältigen zu können. Unter die Gruppe der Maßnahmen im Stressmanagement fallen verschiedene Trainings wie beispielsweise Kommunikations-, Zeitmanagement-, Stressimpfungstrainings. Den Großteil der betrieblichen Maßnahmen zur Gesundheitsförderung liegen nach Mohr und Udris (1997) in den personenbezogenen Interventionen. Die Problematik dieser Maßnahmen gestaltet sich darin, dass sie nicht als präventiv zu bewerten sind, sondern auf die Reduktion bestehender Belastungssymptome ausgerichtet sind. Werden keinerlei gesundheitsförderlichen Veränderungen an Arbeitsplatz und Arbeitsorganisation getätigt können verhaltensorientierte Maßnahmen keinen dauerhaften Einfluss auf die Reduzierung von Stressoren erwirken. Die Wirkung von Stressmanagementtrainings ist durch Bamberg & Busch (2006) gut belegt. Gegenstand solcher Trainings ist es den Teilnehmern emotions- und problembezogenen Bewältigungstechniken, zum besseren Umgang mit Stress sowie den auslösenden Situationen, zu vermitteln. Entspannungs-, Zeitmanagement-, und Problemlösetechniken, sowie Vermittlung von Methoden kognitiver Verhaltenstherapien, könnten Bestandteile eines solchen Trainings sein. Durchschnittlich 12 Wochen werden diese Unterrichtseinheiten mit einer Kombination aus verhaltensorientierter- und kognitionsbezogener Methoden den Beschäftigten einer Organisation vermittelt. Ergebnisse verschiedener Metaanalysen zeigten das besonders Stresssymptome und Befindensbeeinträchtigungen reduziert und ein Aufbau von neuen Ressourcen, durch das Durchführen solcher Präventionsmaßnahmen, erzielt werden konnten. Nur geringfügig können diese Trainings eine Steigerung der Leistung, die Arbeitszufriedenheit, Reduzierung von Absentismus sowie psychophysiologischen Stresssymptome, erwirken. [19]

Verhältnisorientierte Prävention:

Spricht man hingegen von Verhältnisprävention oder auch bedingungsbezogene Maßnahmen, ist nicht weiter das Individuum im Mittelpunkt sondern eine Veränderung von Arbeits- und Lebensbedingungen für bestimmte Personengruppen, Arbeitssysteme oder einzelner Personen. Die bedingungsbezogenen Maßnahmen finden auf der sozialen, organisationalen und individuellen Ebene statt. Die langfristige Wirkung dieser Maßnahmen steht hier im Fokus. Zu diesen genannten Präventionsmaßnahmen gehören beispielsweise die Neugestaltung von Arbeitsabläufen und Arbeitsplätzen. Angenehme wirtschaftlich positive auswirkende Effekte dieser Maßnahmen sind geringere Fehlzeiten der Arbeitnehmer, sowie der Anstieg an Qualität und Produktivität.[20] Im Allgemeinen werden die Maßnahmen darin unterschieden ob sie sich auf eine positive Veränderung der

[19] Arbeits- und Organisationspsychologie Nerdinger, Bickle, Schaper Seite 488- 490
[20] Arbeits-, Organisations- und Personalpsychologie Springer Seite 238

Arbeitsaufgabe oder des Arbeitsumfeldes konzentrieren. Zu der Aufgabe der Verbesserung der Arbeitsaufgabe gehören die Erschaffung von Ganzheitlichen Arbeitstätigkeiten, die Erhöhung der Autonomie des Einzelnen sowie die Möglichkeit seine Arbeits- und Pausenzeiten flexibel gestalten zu können. Zum anderen beschäftigt sich die Verbesserung des Arbeitsumfeldes mit der ergonomischen Einrichtung, der Reduktion von Lärm- und Schmutzbelastungen am Arbeitsplatz des Mitarbeiters. Ein stetiger Zuwachs des Interesses der Unternehmer an persönlichkeitsförderlicher und gesundheitsgerechter Arbeitsbedingungen ist in den letzten Jahren zu verzeichnen. „So sind nach Wienemann und Wattendorf (2004) »Gesundheits- und Arbeitsschutz, Gesundheitsförderung und Suchtprävention zu unverzichtbaren Bestandteilen eines modernen Personalmanagement geworden«."Wenn keine längerfristige Veränderung der Arbeitsbedingungen gewährleistet ist werden die erlernten und veränderten Denk- und Verhaltensweisen der Arbeitnehmer, zur Reduktion von Belastungssymptomen, nur von kurzfristiger Dauer sein.

Effektivität:

Die Effektivität von verhaltens- und verhältnisorientierter Präventionsmaßnahmen konnte noch nicht eindeutig erwiesen werden. Bislang wurde anhand von den wenigen kontrollierten Studien eher ein geringfügiger Effekt der verhältnisorientierten Maßnahmen aufgezeigt. Die geringe Effektivität der Interventionen könnte möglicherweise darauf zurückzuführen sein, dass die Mitarbeiter nicht ausreichend in die Veränderung eingebunden und die Maßnahmen nicht hinreichend ausgeübt wurden. [21]

5.3 Copingstrategien

Nach Lazarus und Folkmann (1984) definiert man den Begriff „Coping" als eine Bewältigungsform um gegen interne und externe Anforderungen, die die eigenen Ressourcen übersteigen erfolgreich ankommen zu können. (vgl. Lazarus, 1997; Monat & Lazarus, 1991; Perrez & Reicherts, 1992; Zeidner & Endler, 1996) Wir untergliedern zwischen den individuellen und den organisatorischen Copingstrategien, wobei beide Strategien, falls sie wirksam sind, einen großen Einfluss auf das persönliche sowie das Berufsleben eines Mitarbeiters nehmen können. Bei wirksamen Coping kann sich dies auf die Arbeitsleistung, durch Reduktion der Stressoren, positiv auswirken. Somit sind sowohl das Unternehmen als auch die betroffene Person an einem effektiven Coping interessiert.

---

[21] Arbeits- und Organisationspsychologie Nerdinger, Bickle, Schaper Seite 488- 490

Sprechen wir von individuellen Copingstrategien müssen wir drei Einflussvariablen unterscheiden:

- **Situative und personelle Faktoren:**
  „Charakteristika des Umfelds, die eine Wirkung darauf haben, wie Menschen Stressoren bewerten; daneben sind es auch Persönlichkeitsfaktoren, die die Bewertung von Stressoren beeinflussen."

- **Die kognitive Bewertung der Stressoren:**
  „Sie reflektieren die Gesamtbewertung, die eine Person gegenüber einer Situation und gegenüber den Stressoren vornimmt, die dann als harmlos oder bedrohlich eingestuft werden."

- **Die gewählten Copingstrategien:**
  „Kontrolle (Lösen des Problems), Davonlaufen (Vermeiden) oder Arbeiten an Symptomen. z.B. durch Entspannung, Meditation etc. (vgl. Smith & Lazarus, 1933)"

Auch der Organisation selbst stehen effektive Copingstrategien zur Verfügung, diese beispielsweise aus solch einfachen Maßnahmen bestehen können: „Schaffen eines unterstützenden Organisationsklimas; Enrichment der Aufgabenbereiche; Reduzierung des Konfliktpotentials und Klarstellung der Arbeitsrollen; Planung und Entwicklung von Karrierepfaden." Weitere Maßnahmen können in der Verbesserung von Kommunikations- und Informationssystemen, sowie durch Job-Redesign liegen. Die Copingstrategie Job-Redesign erhöht die Autonomie und Mitbestimmung eines Mitarbeiters. Außeracht lassen darf man an dieser Stelle ebenso wenig die positive Wirkung von flexibleren Arbeitszeitregelungen.[22]

5.4 Gesundheitszirkel

Gesundheitszirkel beschäftigen sich mit einigen Themenschwerpunkten, die sich über die gesamte Bandbreit von Arbeitsabläufen und Arbeitsbedingungen erstrecken, relevant für ein gesundes Arbeiten, innerhalb einer Organisation, sind. Hierbei werden sowohl körperliche und psychosoziale Belastungen, als auch Aspekte der physikalischen Arbeitsumwelt betrachtet. Unter betrieblichen Gesundheitszirkeln ist eine Gruppenarbeit der Mitarbeiter einer Organisation zu verstehen welche zur Optimierung der Arbeitsgestaltung beitragen soll. Im Zuge des betrieblichen Gesundheitsmanagement werden diese Projektgruppen

---

[22] Organisations- und Personalpsychologie Weihnert Seite 293

eingesetzt um den Gesundheitsschutz sowie die Gesundheitsförderung einer Organisation zu unterstützen. Die Identifikation von Arbeitsbelastungen, Stärkung der vorhandenen Ressourcen sowie die Erarbeitung von neuen, umsetzbaren Maßnahmen zur Gesundheitsförderung sind Ziele eines Gesundheitszirkels. Als übergeordnete Ziele sind, die Steigerung der Arbeitszufriedenheit, der Qualität von Arbeitsbedingungen sowie die Reduzierung von Fehltagen der Mitarbeiter zu nennen. Zeitgleich wurden Ende der 80er Jahre zwei Modelle mit unterschiedlichen Ansätzen zur Gestaltung und Durchführung solcher Gesundheitszirkel entwickelt: Düsseldorfer Modell, Berliner Modell. Favorisiert wird innerhalb des Düsseldorfer Modells eine heterogene Zusammensetzung von Mitarbeitern unterschiedlicher Hierarchiestufen. Die Zirkelarbeit kann somit von den Erfahrungen der Mitarbeiter am Arbeitsplatz sowie von deren Fachkenntnissen profitieren. Durch die Beteiligung der Betriebsleitung kann eine höhere Chance auf Umsetzung der erarbeiteten Maßnahmen, nach Abschluss der Zirkelarbeit, erzielt werden. Im Gegensatz dazu bevorzugt das Berliner Modell eine homogene Zusammensetzung der Mitarbeiter einer Hierarchiestufe. Hintergrund hierfür ist die mögliche Befangenheit durch den Betriebsleiter ausschließen zu können und eine freie Meinungsäußerung sowie sanktionsfreie Problembearbeitung zu ermöglichen. „Zur Bewertung von betrieblichen Gesundheitszirkeln liegen neben Erfahrungsberichten und Bewertungen der Zirkelarbeit durch Beteiligte oder Moderatoren auch mehr oder weniger systematische Evaluationen Struktur-, Prozess-, Ergebnisdimensionen von Gesundheitszirkeln vor (vgl. Slesian, 2001)." Der Bundesverband der Betriebskrankenkassen hat in den Jahren von 1994 bis 1997 eine umfangreiche Studie in diesem Bereich durchgeführt. Hierfür wurden ab 1992 in mehr als 80 verschiedene Gesundheitszirkel in mehreren deutsche Unternehmen unterschiedlicher Branchen angewandt. Das Ergebnis dieser Studie zeigt zusammengefasst die effektive Wirkung solcher Zirkelarbeiten in den Bereichen der Belastungsreduktion und der Ressourcenförderung eines Mitarbeiters auf.[23]

6. Fazit

Im Verlauf dieser Arbeit wurden nun die verschiedenen Einflussgrößen, aus denen „arbeitsbedingter Stress" resultieren kann, erörtert. In Bezug auf die Einflussgrößen wurden die Folgeerscheinungen, die sich aus dem Dauereinfluss von Stressoren auf ein Individuum ergeben können, auf verschiedenen Ebenen und ihrer Dauer untersucht und unterschieden. Desweiteren wurden anhand von zwei Stressmodellen, nach Selye und Lazarus,

---

[23] Arbeits- und Organisationspsychologie Nerdinger Bickle, Schaper Seite 377- 378

unterschiedliche Meinungen der Forscher in Bezug auf die Wahrnehmung von Stress und dessen Verarbeitung beschrieben, Nachdem alle Grundlagen und die Ursachen, sowie die resultierenden Folgen untersucht wurden widmete sich diese Arbeit Präventionsmaßnahmen, mit verschiedenen Orientierungen, und der Gesundheitsförderung anhand der Schilderung eines Gesundheitszirkels. Ob Maßnahmen des Gesundheitsmanagements auf langfristige Weise Auswirkungen, auf den Gesundheitszustand eines Arbeitnehmers, nehmen können, kann zu diesem Zeitpunkt noch nicht eindeutig nachgewiesen werden.

7. Literaturverzeichnis

Huber. *Lehrbuch Arebitspsychologie 3. Auflage.*

Internetquelle. *http://members.shaw.ca/renaissanceservices/health/stress/gas.jpg.*

Kauffeld. *Arbeits-, Organisations- und Personalpsychologie 2. Auflage.*

Kulbe, A. *Grundwissen Psychologie, Soziologie und Pädagogik .*

Nerdinger, B. S. *Arbeits- und Organisationspsychologie.*

Nerdinger, B. S. *Arbeits- und Organisationspsychologie 2. Auflage.*

Springer. *Arbeits- und Organisationspsychologie.*

Weihnert. *Organisations- und Personalpsychologie 5. Auflage.*

8. Abbildungsverzeichnis